U0004713

.

貓咪教會我的33件事

跟貓咪智慧大師學生活，
修正你的失序人生！

三貓媽媽 著

晨星出版

推薦序

超現實鉛筆畫家
御貓──貓之速寫及素描作者

　　跟三貓媽媽從 Yahoo!Blog 開始結識，就是這一代的網絡友誼，經過十多年，由虛擬世界轉化成實體世界的友誼，終場在這二〇一七年正式見面談天說地。

　　為了尋找繪畫參考圖，我一直有留意三貓媽媽的 blog 和 facebook，三貓很自然的也成為我繪畫對象之一。

　　過去多年，三貓媽媽以三貓為主角出版了不同的書刊及接受不同媒體的訪問，只要看到書裡人性滿滿的三貓，就可想像到三貓媽媽本人亦是滿有思考及愛心的人。

　　這次三貓媽媽的新書以貓貓角度去思考人生。的確，近年都市人的生活壓力都比以往大，除了現實的生活及經濟環境的影響外，城市人的價值觀亦被帶領至一個單一方向的思維，帶來更多的不安及恐懼感，然而當願意停下來，慢一點，便不難發現這些恐懼與壓力未如想像般大。

　　三貓媽媽這一本書有如「心靈貓湯」（請不要想像把貓去煲湯 …>.<|||），除了欣賞可愛的貓相片外，欣賞品味文字，給城市人一份反思，一份安靜。

　　祝願三貓、三貓媽媽及各位讀者能平安自在。

作者序

　　二〇一五年春天，陪伴我十九年的大女兒 Momo 返回喵星球。

　　曾經，只要一想起 Momo，心裡就感到陣陣揪痛，眼眶泛紅，眼淚不受控地湧出來。曾經，我以為自己會從此放下筆，甚至結束《三貓 Blog Blog 齋》。

　　在某天晚上，我抱著 Momo 用過的毛氈發呆，Mocha 走過來，坐在我跟前，定定地望着我，彷彿在對我說：「你真的要用這個方式去懷念 Momo 嗎？」我想起 Momo 離開前三個月，她已經完全失去聽覺和視力，但是她從來沒有放棄，每天努力地活著……直至最後一秒的到來。

　　我忽然醒悟過來，覺得很慚愧，Mocha 比我更勇敢面對失去、面對死亡。

　　因為失去，我學懂珍惜現在所擁有的。

　　每天發生在身上的每一件事、遇到的每一個人，都能夠當你我的老師，讓我們上人生一課，學會更多。

　　驕橫跋扈的人讓我們學懂謙卑。

　　脾氣壞的人讓我們學懂控制情緒。

　　衝動的人讓我們學懂冷靜。

　　固執的人讓我們學懂變通。

　　優柔寡斷的人讓我們學懂果斷。

　　口沒遮攔的人讓我們學懂沉默。

　　自卑的人讓我們學懂自信。

　　犯錯的人讓我們學懂寬恕。

　　別看輕剛在你身旁伸懶腰、一臉懵懂的貓咪，他可比你我更懂享受生活、更有生活智慧、更懂得與麻煩的人類相處。

3喵

三貓家

Momo

Momo 又名大家姐（大姐頭），是三貓家的長老。

她既高貴又冷傲，連三貓家中的搗蛋王 Mocha 也對她敬畏三分。她在地球服役十九年後光榮引退，回到喵星球繼續做女王。

Tiger

是三貓家的老二，長得像巨型臭鼬鼠，又沒有討人喜歡的臉。

他的身形龐大，但動作笨拙，是貓界天然呆元老。這大塊頭善良、溫柔又單純，經常被調皮的 Mocha 欺負。

Mocha

三貓家最受歡迎的帥哥，也是三貓小宇宙中的太陽，Momo、Tiger、Latte、三貓爸爸和三貓媽媽都圍著他團團轉。

如果 Momo 和 Tiger 是天使，那 Mocha 一定是小魔鬼，一個令人愛不釋手、要立即抱緊處理的小魔鬼。

Latte

是二佬（老二）Tiger 從喵星球派來三貓家的特使，他是 Tiger 的進階版──擁有懾人的藍眼睛，頸上圍了一條既高貴又漂亮的米色圍巾，腳上穿著深啡色的長靴。

可是這進階版有 bug，所以他有 Tiger 的善良和天然呆，但笨拙程度則升級了。

CONTENTS

第一課

尋找獨處的空間

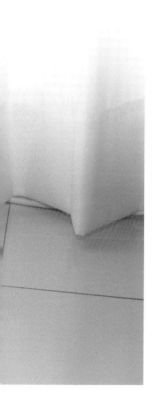

一個理想的貓窩不需要大，但必須能給貓咪一個獨處的小角落，這可能是書架上的一個小空隙、衣櫥裡、窗簾布後……

三貓成員各有一個獨處的空間：

二佬 Tiger 會自己打開衣櫥，把自己埋在衣服堆裡。

細佬佬 Latte 的小空間是沙發底。

Mocha 愛藏匿在窗簾後，既可以享受獨樂樂，又能欣賞窗外的風光。

三貓家任何一個角落，都是大家姐 Momo 的獨處空間，她獨有的霸氣氣場，沒有貓敢走近騷擾她。

我們天天營營役役地為生活奔波，是否也該為自己尋找一個獨處的空間、讓自己靜下來、沉澱一下？

獨處是一種心境，不一定要四下無人。

可以是咖啡廳窗邊的那一張小圓桌，雙層巴士上層後排的座位，圖書館的自修桌，公園裡的一張長凳子，又或者是海濱長廊昏黃色的燈柱旁邊……

在那裡，你可以脫下面具，不用討好任何人，做回自己。

在那裡，你可以把手機設為飛行模式，重回沒有網絡、沒有電話、沒有社群網站干擾的空間，戴上耳機，聽自己喜歡的音樂，看自己喜歡的書本，沉醉於只屬於自己的世界。

在那裡，你可以閉上眼睛，回想一下這星期自己說過的話、聽過的話、到過的地方、遇到的人和事，重溫這星期遇過的快樂或不快樂的事，整理一下心情。

獨處是都市人的奢侈品。

為了生活，我們未必能像貓咪一樣每天騰出時間享受獨處的天地，但至少每星期為自己花一小時，放下工作、放下手機、解開緊鎖的愁眉，停泊在獨處的小天地，讓靈魂出竅、神遊太虛一會兒，為自己的精神、為自己的心靈充充電吧！

第二課

多一點呼嚕呼嚕
少一點嘮叨嘮叨

呼嚕呼嚕是貓咪開心滿足時，喉嚨顫動發出的聲音。

沒有一個貓奴，不曾被貓咪的呼嚕呼嚕魔法融化。

每當我下班回家，Mocha 都會用大聲的呼嚕呼嚕到玄關迎接我。Mocha 還會一邊吃著美味可口的晚餐，一邊大聲的呼嚕呼嚕。而 Latte 和 Tiger 則是很低調地呼嚕呼嚕，得把耳朵挨近他們的臉龐，才聽得到呼嚕呼嚕聲。

我等貓奴們，從來不介意貓咪有太多的呼嚕。

然而，面對人的嘮叨嘮叨，就令人受不了！

今天不管走到哪兒，不管聽誰說話，聽到的總是一大堆的嘮叨嘮叨：抱怨錢掙得不夠多、抱怨上司同事一大籮、抱怨老公不顧家、抱怨子女成績差……

其實無論這天有多難過，太陽總會下山，難熬的一天也會過去；當太陽從東方再一次升起，新的一天又開始。你要選擇日復一日、每天嘮叨嘮叨，讓難過的一天，一天天的延續下去？還是正面地去面對問題，尋找實際的解決方法？

活著快樂與否，在乎你抱持什麼心態去面對。

呼嚕呼嚕非常治癒，你的笑臉也一定比哭喪著臉好看。要知道，細佬佬 Latte 像唱盤跳針般的碎碎唸是萌，而人的碎碎唸可是煩呀！

第三課

活在當下

大家姐 Momo 十五歲時，腎衰竭已到末期，一直都是依賴藥物在拖延。當她十九歲時，她的腎功能只剩下 5%。醫生估計她的壽命只剩三個月或可能更短，建議只讓她進食腎病配方飼料。我聽取醫生的忠告，買了一大箱配方飼料給 Momo。

每天早上，Momo 總在我的鬧鐘響前醒來，坐在客廳等我準備早餐。十八多年來，風雨不改。

然而自從給她吃配方飼料後，她便不再早起，即使我在廚房準備早餐，她也不願離開貓床。就算抱她到食物碗前，她除了餓極時勉強吃一兩口外，便拒絕再吃，返回睡房休息。

Momo 改吃配方飼料的第二個星期，我如常給她配方飼料，她也只吃一點就拒絕再吃。可是這天她沒有如常返回睡房，一向高貴大方的她竟然不顧身分，走去舐了 Latte 碗裡剩下的魚渣和魚汁，然後又走到 Mocha 吃過的碗前，嗅嗅 Mocha 那個吃得乾乾淨淨、像被洗刷過的碗，然後回頭幽幽的看了我一眼，便無聲地別過頭，腳步蹣跚地回到睡房。

我永遠無法忘記這一幕。

看著 Momo 罷吃配方飼料而日漸消瘦，我作出了一個迄今也不知道是對還是錯的決定——我從日本郵購了一大箱貓飼料給 Momo，裡面全都是她愛吃但被醫生禁止的食物。包括魚排、魚湯包、香軟小點心（Momo 牙齒不好，吃不了硬的脆脆小點心）、有長毛白貓圖像的高級罐罐等。

我把配方飼料混合了她最愛吃的食物後，她終於願意吃東西。兩天後，我又再一次看見一個眼神炯炯、坐姿優雅的大家姐在客廳，等待著我準備早餐。

大家姐讓我明白，這就是「活在當下」的生活態度，與其讓她天天不快樂地、勉強吃著味同嚼蠟的配方飼料而多活幾個月、甚至幾個星期，倒不如讓她天天快樂，滿足地飽渡餘生。

貓咪最懂得如何活在當下，吃飽了就停，累了便睡。

今天吃得再多，明天也一樣會肚子餓，再勤奮的人，也不能在今天把明天的事情做完。

所以不要執著過去的遺憾，也不要預支未來的憂愁 ※，最重要的事情就是我們現在做的事情，最重要的人就是現在和我們在一起的人。

※ 這是香港身兼演員和電台節目主持人的鄭子誠先生，在他主持的電台節目「音樂情人」的開場金句。

第四課

慢活

每天早上，我總是如常般七點半起床，花十分鐘梳洗、十分鐘化妝、五分鐘更衣，然後快步跑到廚房，為三貓準備早餐。

Mocha 和 Momo 一早便已坐在廚房等開飯，然而細佬佬 Latte 仍在我的大床上翻來覆去。

Momo 牙齒不好，所以我會先用小鐵勺把魚肉壓成碎片，讓她容易咀嚼和吞嚥。而 Latte 只有在小鐵勺發出「噹噹」聲時，才會從大床上跳下來，緩緩地從睡房走到廚房。當他坐在 Momo 身旁時，我正好把早餐準備好，分派給他們。

這個被譏為天然呆、反應慢、動作又笨拙的細佬佬，其實是「慢活達貓」。

　　他行得慢，吃得慢，就算是伸懶腰，動作也比其他貓慢。但他知道我一定會為他預留早餐，所以何需像 Mocha 和 Momo 那樣焦急？

　　在這個不「快」則退的光速時代，我們凡事都講求效率，要在最短的時間內做到最多的事情。就連上手扶梯的這幾秒間，我們也會低著頭猛滑手機，狼吞虎嚥著手機上一則則的「垃圾訊息」，迫不及待地將生命中的每一分、每一秒都塞得滿滿的。

　　這種生活速度，就像乘坐著高速火車看風景一樣，景物都是模糊的，看到的都是表面，嚥下的盡是無味。

　　慢活，不是要你把每件事都龜速化，慢活，只是一種生活態度──追求生活平衡，該快則快，該慢則慢。我們可以將吃飯、走路、上班、旅行等生活的每個節奏都調慢一點，享受有質感的慢生活。

　　所以我決定明天早上開始，每天提早十五分鐘起床，這樣不但能有充裕的時間準備上班，還能讓自己放下急躁的心情，放鬆腳步，出門前還有時間可以搓搓 Mocha 和 Latte 的肥肚肚，心情也開朗點。

第五課

珍惜初愛的感覺

　　貓咪小時候最是可愛，即使只是喝奶、玩耍、睡覺、打呵欠、側側頭、眨眨眼睛，都足以融化貓奴的心。

　　雖然小貓咪每天長達二十多個小時都在睡覺，我們仍想寸步不離，唯恐錯過了他們任何一個萌樣。

然而小貓咪長得飛快，一個不留神，就長大了。

初愛上一個人的感覺，和經歷小貓長大的感覺很相似。

初愛上一個人，對方的一顰一笑、一言一語都令你著迷，每次發簡訊給他，都像場賭博，因為你把當日的心情全押下去了。

初愛上一個人，你會想天天見面，腦海裡想著、念著的都是他的臉；不能見面的時候，你也會打開手機、重溫你倆的甜蜜簡訊。

如同小貓咪長得飛快，初愛這過程也同樣地很短暫。

每隻貓咪都只會經歷一次小貓階段。初愛上一個人的感
覺，同樣也只能有一次。

即使分手後再復合，那種感覺已經和初愛的感覺不一樣。

所以，我們要好好珍惜與每一個人初愛的感覺。

同樣地，你也要好好珍惜陪伴小貓咪長大的日子，這日子既短暫又甜蜜，別忘記為小貓咪多拍照，好好記錄他們稍縱即逝的爆萌時光。

第六課

一個人旅行

　　望著整天坐在窗邊、把臉緊貼在玻璃窗上，連小耳朵都摺曲了的 Mocha，令人不禁猜想，他或許很想短暫離家、外出走走吧？

　　人一世物一世，每個人都應該至少獨自去旅行一次。

一個人旅行，不一定要有明確目的；一個人旅行，也不需要跟任何人妥協。

　　你可以花上兩個小時的車程，只為了看那短短五分鐘的絕美日落，也可以在街道駐足一個小時，聆聽在大樹下拿著吉他、輕唱民歌的少女表演，或是坐在書店裡看一下午的書。我就曾在飄著陣陣麵包香的小店買三磅麵包，坐在赫爾辛基（Helsinki）的公園長凳上餵野鳥，這一坐，便坐了三個鐘頭。

　　這些可能都是我這輩子絕無僅有的邂逅。

　　一個人旅行，就離線吧！把即時通訊 Apps 和 Facebook 關掉，離開虛擬社交世界。也許我們會失去分享的快樂，也許我們會感到寂寞，但要好好記住這種感覺，因為就是這個感覺，才讓我們明白到家人和朋友的重要，學懂珍惜我們身邊的人。

　　一個人旅行，不一定要有目的或要得到些什麼，而是為了暫時離開每天一成不變的日子、離開熟悉的地方以及生活圈子。

一個人旅行，得獨自面對不認識的地方、聽不懂的語言、看不懂的文字，在陌生的環境下試著學習獨立。

　　當我們被迫去單獨面對困難時，你會發現，原來你不是路痴，單憑直覺也能找到要去的地方；或自認沉默寡言的自己，竟能和吧檯旁的陌生人侃侃而談。迷路了又何需驚慌失措？在尋找正確的道路上，我們會看到更多更美的風景。

第七課

若即若離

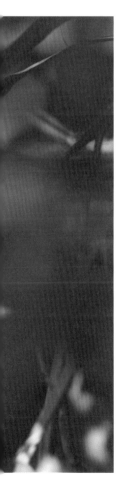

戀愛成功的關鍵，是若即若離。

若即若離不是玩弄愛情，而是讓愛情保鮮的一種技巧，技巧不足會讓人失去安全感，弄巧成拙。

貓咪是若即若離的高手，他們能準確地拿捏我們人類的心理，讓我們又愛又恨。

他們會假裝漫不經心地從你面前走過，卻忽然雙腳發軟般倒在地上，然後懶洋洋地把四肢張開、露出最性感的小肚皮，擺出一副「來吧！我什麼都應承！」的模樣。

然而當我們被他們萌倒、走過去想抱抱貓咪時，他們卻會用力掙扎把你推開，甚至還沒走到跟前就已經拔腿逃跑。

又或者當我們拿出平板電腦，正準備玩 Candy Crush 時，他們便會跳到你跟前，瘋狂地用臉磨蹭著平板的一角，呼嚕呼嚕地要我們關注他。這時又有哪個貓奴擋得住誘惑？當然是立刻放下平板，全心全意享受被喵星人寵幸的幸福。

冬天抱著貓咪睡覺可以互相取暖？那恐怕是貓奴的一廂情願吧。被窩還未暖，貓咪早就從臂彎裡逃出去了。然而當我們捲曲著身體，在被窩裡冷得發抖時，貓咪又會不疾不徐地走過來，若無其事地踩在我們軟軟的肚皮上，然後用前腳踩呀踩呀，轉兩個圈，捂著手盤坐在我們身上。

這時腳尖雖然仍是冷冰冰的，但心早已暖呼呼了。

這就是「若即若離」。

讓對方覺得他愛你，比你愛他多一點點，你的戀愛快樂指數就會高一點點。

第八課

理直氣和

這個世界越來越複雜，人和事已變得沒有絕對的對與錯，沒有絕對的黑和白，黑白之間的灰色地帶越來越大。

我們每天和人相處，免不了會遇到和自己意見不一致的人。

犯錯的人可能因為心虛，所以講話特別大聲，以為虛張聲勢就能蒙混過關。因此當道理在自己一方時，我們應該沉著應對，說話慢一點、語氣平和一點，客觀地從對方的觀點和立場去看，甭像狗狗看見陌生人般，歇斯底里地咆哮，而是得像貓咪般沉著臉，淡定面對，便已足夠將你要傳達的訊息表達出來。

我們身邊可能都有這一類人，他做事非常有原則，也很會講理，然而大家都不喜歡他，不願意和他做朋友。因為他咄咄逼人的據理力爭，往往讓別人顏面盡失。即使贏了口舌，但卻輸掉了形象，輸掉了友誼。

理直氣「和」的態度，絕對比理直氣「壯」更易為人所接受，「和」是「和諧」，和諧並不是一百個人有著同樣的意見，而是一百個人有一百種不同意見之餘，而又互相尊重對方的觀點與角度 ※。

有「理」也要有「禮」，有理不在於聲音的大小，理直不一定要氣壯。

※ 這是香港被視為神劇的「天與地」中的金句之一

第九課

日出前讓憤怒終結

每個人都有情緒，而憤怒就是其中一種情緒反應。

我們之所以會憤怒，是因為事情未在自己的期望下發生，又或者覺得對方有錯，自己才是對的，因而被觸怒。

當我們憤怒時，思想就會變得很負面，懷著負面的情緒去處理事情，不僅不能解決問題，更可能讓事情變得更糟糕，就好像被觸怒後變身成綠巨人浩克（Hulk），雖然把壞人消滅了，但對周遭的人和物帶來近乎摧毀性的破壞，反而得不償失。

Mocha 和細佬佬天天都在爭吃（其實只是 Mocha 搶細佬佬的東西吃）、爭寵、爭玩具，有時候玩摔角遊戲玩得過火了，還會打上一架。只是這兩兄弟，前腳才看他們打到飛起，一轉頭卻又見他們相親相愛。

當我們發怒時，若對方不痛不癢，那麼發怒只不過是在懲罰自己而已，如此想來，發怒可謂非常愚蠢的行為，尤其是對方故意激怒我們，豈不是讓對方奸計得逞？

　　我們要學會好好管理自己的情緒，不做情緒的奴隸。

　　讓我們向 Mocha 和細佬佬學習吧！他們從來不會將憤怒和不爽的情緒帶到明天。

　　從今天起，每晚睡前，試著原諒所有的人和事，讓已發生的事成為過去式，在日出前讓憤怒終結吧！

第十課

活得漂亮

廣東話的「汙糟貓」，是用來形容骯髒的人，看似貶義，但其實沒半點責罵之意。只是身為資深貓奴，我絕不苟同這個形容詞。

養貓的人都知道，貓咪最愛乾淨，甚至有點潔癖。貓咪每天花十五小時以上睡覺，其餘百份之三十甚至五十的時間都在理毛。

吃過飯後，理毛。

中午睡醒後，理毛。

被不喜歡的人摸過，理毛。

打架中場休息，理毛。

精神緊張時，理毛。

百無聊賴時，理毛。

貓咪很注意儀容，也非常愛乾淨，所以貓咪身上都沒有體味，即使是街上的流浪貓，他們也很乾淨整潔，儀表端正。

　　流浪，也有流浪的尊嚴和傲氣。

　　若覺得自己太胖就積極運動，皮膚不好就改變飲食和睡眠習慣，天生相貌不美但你可以增加內涵和氣質，衣服不用華貴，只要合身、合身分和年紀就好了。

　　儀容不只是一張討好的臉蛋，而是整體的美觀和整潔。

　　儀容是個人涵養的外在表現、是一張沒有文字但活生生的名片，儀容整潔乾淨，就是對自己和對別人的尊重。

第十一課

不需要博愛

有些人，為了得到別人的認同，或博取他人的歡心，總是阿諛逢迎。

但事實上，不喜歡我們的人，無論再怎麼努力巴結討好，他們依然不會領情，也會找到討厭我們的地方。

在這個真性情被視為沒修養，坦率直言被視為口沒遮攔；隨和被視為沒性格、沒主見，有主見時卻又被批評為難搞的麻煩時代，盲目地對一個人好，唯恐對方討厭自己，那不是愛，是矯情。

貓咪最清楚這個道理。

喜歡貓的人，即使貓兒只是動也不動地躺在地上，他們還是會大呼「好可愛」。而不喜歡貓的人，無論貓兒再怎麼努力賣萌，他們也不會愛上貓。

既然不喜歡，就隨他去吧！沒必要為難自己，硬塞進不屬於自己的圈子裡，徒增傷痕。

我們不可能讓所有人都喜歡自己，與其為此耿耿於懷，倒不如回頭檢視一下，想想自己被討厭的原因。這麼做的目的，不是為了要多一個喜歡自己的人，而是少一個討厭自己的人。

別再為討好別人而活了，只需為喜歡我們的人，好好過日子就行了。

第十二課

觀人於微

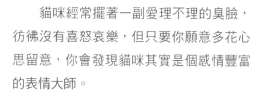

　　貓咪經常擺著一副愛理不理的臭臉，彷彿沒有喜怒哀樂，但只要你願意多花心思留意，你會發現貓咪其實是個感情豐富的表情大師。

　　平常無聊時，他們喜歡進入「麵包模式」（即是把手捂著蹲坐，就像我們把雙臂交疊著），雙耳自然向上，貓鬍垂下，瞳孔細圓（陽光下會變得細直）。

當他們聽到開罐罐聲時，瞳孔會立刻變得圓圓的、小嘴微張，這就是他們感到興奮時的表情。

而當他們跳上廚房工作檯時，瞳孔會變得更圓大，貓鬚向前，並把脖子伸長，這是因為他們感到好奇，很想知道今天晚餐會是鮭魚罐罐還是鮪魚罐罐？

吃飽滿足後，貓咪會坐在地上瞇起雙眼、悠閒地洗臉，若此時他忽然雙眼圓睜、雙耳朝兩側翻開、貓鬚上揚，原來是他聽到門外有鑰匙聲，因而進入一級戒備狀態。

我們貓奴最愛看的，當然是貓咪雙眼半開闔、小嘴微張、一臉滿足，喉嚨發出呼嚕呼嚕巨響的模樣。

我們可以從貓咪的臭臉學會觀人於微，貓咪的瞳孔、小耳朵、小鬍鬚都是情感表達區。我們人類最會掩飾情感，但即使演技再精湛，也會從眉梢、眼睛、嘴角、聲調、說話尾音的長短、臉上的肌肉、舉手投足等細微動作，流露出真實本性，只要我們細心觀察，便不難看到對方的潛在情感。

直話直說雖然直率，但也會被認為沒神經、說話不經大腦，因而處處碰壁碰到焦頭爛額。

學會觀人於微，洞悉對方的潛情感，不是要你變虛偽，而是懂得說該說的話、做該做的事而已。

第十三課

需要 VS. 想要

家貓的生活很簡單，一個飯碗、一個水碗、一塊磨爪板、一個便便盆就足夠了，再奢華一點，就給他們一個紙箱當床。

他們不需要貓咪專用梳子、不需要有鈴鐺的頸圈、不需要衣服、不需要玩具、不需要軟綿綿的寵物床、不需要貓樹……這些都是高級鏟屎官暨開罐罐專員（簡稱「貓奴」），為討好貓咪而創造出來東西。

　　他們從不介意用二手物品，他們很樂意用我們的舊梳子梳毛。他們不需要被褥，有著貓奴氣味和餘溫的衣服是他們的最愛。他們不需要電暖墊，只需拉開窗簾，讓溫暖的陽光照進屋裡，他們自會找到溫暖的地方休息。若沒有陽光，那就睡在貓奴身上吧，一樣溫暖舒適。

　　貓咪比我們更能清楚分辨「想要」和「需要」。

　　我們常會把「想要」強加在貓咪身上，但他們會用行動告訴你，那被肥大身軀撐開了的破舊紙箱，比起要價不菲的寵物床更好。因此我們選東西時，應該要用貓咪思維──有用遠比好看更重要。

　　打開衣櫥，裡面至少會有一件久久沒有用過的手袋、幾件只穿過一次但又捨不得丟棄的衣服、三雙以上好看卻會刮腳的鞋子……這些都是我們腦袋被「想要」戰勝「需要」的戰俘。

　　名設計師 Vivienne Westwood 說過：「買少一些，選好一些、耐用一些。（Buy less. Choose well. Make it last.）」

　　唯有認識自己的需要，才能省錢又省空間。

第十四課

愛的空間

戀愛成功的關鍵，除了點到即止的若即若離，更重要的是給予對方空間。一對戀人，若接觸得過於頻繁，會像太甜的糖，令人感到厭膩。

貓咪深明這個道理。

我書桌的右上角，長期放著一個紙箱。當我在家工作時，有時眼角不經意的一瞄，就會發現有一堆毛塞滿紙箱。原來 Mocha 會在完全不騷擾我的情形下，無聲無息地跳上書桌，捲曲在紙箱裡呼呼大睡。

我很喜歡這種「這麼近，那麼遠」的感覺。

只要我們細心留意，無論我們在沙發上看電視、在安樂椅上看書、半躺在床上玩手機、在浴室裡辦大事……貓咪總會悄無聲息走到附近。他們不會亦步亦趨地緊貼著我們，但當我們忽然想起他們，你便會發現他們早已在不遠處靜靜地看著我們。

雖然貓咪沒有黏著我們撒嬌討摸，我們仍能感覺到他們的愛和關心。

無論是心靈上或現實生活中，每個人都需要私人空間；每個人也都需要保有隱私，對方不想提不想談就不要問不要挖，留些空間給對方埋葬那些不想跟我們分享的祕密吧。

我跟另一半出國旅行時，我們至少會花一個下午時間，分頭去做自己喜歡的事。我會逛街購物，他會去看風景拍照，晚餐時再會合，這樣大家都擁有了一個完全自主又滿足的下午。

我曾經在東京百貨公司的女裝部，看見一個「初四 ※」模樣的男生，雙手拿著女伴的戰利品，可憐兮兮的站在特賣場門口。不必懂得讀心術，也能明白那男生心裡在咕噥什麼吧。

愛情這東西，唯有挪出空間和時間讓它慢慢發酵，才能保存持久。給對方保留應有的個人空間吧，再深愛也需要呼吸。

※ 年初四，假期完結，錢又花光，還要上班，試問樣子又怎會好看？（來自周星馳電影《行運一條龍》裡的經典對白。）

第十五課

快樂稱職的綠葉

　　二佬 Tiger 是三貓家裡最低調、最不顯眼的貓咪，他沒有大家姐 Momo 的漂亮高貴，沒有 Mocha 活潑精靈的性格，也沒有細佬佬 Latte 那對能懾人靈魂的漂亮藍眼。

　　他最大的特徵就是巨型的身軀，和……「呆」。

　　Tiger 和天然呆已經畫上了等號。

他性格隨和低調，默默地在三貓家當個稱職的綠葉角色，陪伴在大家姐身邊、當個給她溫暖的好弟弟，或是經常做配角、當個被 Mocha 搶紙箱、被搶罐罐吃的好哥哥。

但我相信，Tiger 受歡迎和愛戴的程度，絕不下於其餘三位成員。

每個人都有其適合的位置，安份守己向來都是生存之道，強出頭去表現自己，只會像胖虎表演唱歌一樣。

　　能夠當上鎂光燈下的大人物、成為眾人目光的焦點固然令人羨慕，但在強烈鎂光燈照射下，四週的環境都變得暗黑，反而站到鎂光燈外才能夠看得更清楚，看到更多。

　　能力越強，越要低調；而人越「紅」，越要留心自己的行為舉止，真正耀目的人不會每每鋒芒畢露，對不適合的場合和對象炫耀，尤如對牛彈琴，浪費彈藥。

第十六課

聆聽的藝術

你有沒有和貓咪說話的習慣？我有。

我喜歡和 Mocha 說話，每次和他說話，他那雙像玻璃彈珠般晶瑩的大眼睛，就會牢牢的看着我的雙眼、聚精會神地聽著我的一言一語。雖然他不會說話，但搖搖他的耳朵、擺擺他的尾巴，用他的方法和身體語言，讓我知道他正在細心聆聽我的說話。

從和貓咪談天中，我學會了不加個人意見的聆聽藝術。

我們都有兩隻眼睛，兩隻耳朵，卻只有一張嘴巴，這意味著我們要多觀察多聆聽少說話。然而現代人卻像長著一隻眼睛、一隻耳朵，卻有兩個嘴巴的怪物，人人都急於表達個人的意見和想法，沒有耐心去聆聽別人說的話，甚至沒禮貌地打斷對方說話，繼續發表其高見偉論。

　　我有一位前上司，每個星期都會召開電話會議，每次也會問我們有沒有意見，又或者要我們報告一下業務狀況。然而每次當別人才說第二句，他便迫不及待的插嘴，久而久之，大家都不再認真報告，只是敷衍一句「一切順利進行中」便算了。

　　既然我們說的話你都沒有聽，那還有必要浪費唇舌嗎？

　　說話技巧固然重要，聆聽技巧更是重要。

　　好的聆聽者要像一塊乾海綿，默默地吸收從四方八面傳來的話語，再經過大腦轉化成知識和經驗，這就是「聽君一席話，勝讀萬卷書」的道理。

　　面對朋友的嘮叨，與其說一些安慰的說話，不如當一個聆聽者。若能靜心聽著對方滔滔不絕地牢騷，還能以不批判、心平氣和的心與態度去應對，那便是聆聽的最高境界。

　　也許聆聽不如會說話的人受歡迎和擁戴，然而，一個願意關心、尊重和聆聽別人的人，更讓人感覺舒服和窩心，擁有更多的知心朋友。

第十七課

貓咪的溝通技巧

貓咪是沉默寡言的動物，除了幼貓會喵喵叫地向媽媽撒嬌和討奶吃之外，一般貓咪很少、甚至不太會和其他貓咪說話，他們自有一套與同類溝通的方法。

然而為了和我們人類溝通，聰明的貓兒學會對我們喵喵叫，因為他們發現我們對喵喵聲有反應，還會順應不同的喵喵聲，完成他們的要求，例如給小點心、開罐罐、清潔便盤、摸摸、抱抱、開門、放風……

雖然三貓性格各不相同，表達方法亦有異，但他們都有一個共通點，就是每當他們對我喵喵說話時，都會看著我的眼睛。當他們想得到關注時，就會走到我跟前，用手摸摸我，然後用眼神和身體語言表達所想所思。

當三貓外出，又或者有訪客時，他們就會噤若寒蟬。所以除了三貓爸爸、媽媽之外，沒有人有幸親耳聽到 Latte 那宛如唱片跳針般的喵喵叫聲。

　　貓咪雖然不會說人話，但卻教會我們溝通的技巧，更教導我們溝通的基本禮貌，那就是——說話時要和對方保持適度的眼神接觸，在不同場合、針對不同輩分的人，我們要用合適的溝通方法和用詞去溝通。

　　網路上有一篇短文很值得細細品味：

　　和長輩溝通，別忘了他的自尊。

　　和上司溝通，別忘了他的尊嚴。

　　和男人溝通，別忘了他的面子。

　　和女人溝通，別忘了她的情緒。

　　和年輕人溝通，別忘了他的直接。

　　和小孩溝通，別忘了他的天真。

　　只要跟貓咪老師學會溝通的技巧，那麼跟三歲至八十歲的任何人，都可以溝通無阻。

第十八課

It can wait

現代人事事講求效率，所以 E-mail、Whatsapp、LINE、微信、Facebook 等等，這些「即時通訊」一躍成為民生必備品。即時通訊的確帶來便利，但你是否曾因同時處理數個訊息，結果不小心寄出一個讓你後悔不堪、但又無法召回的短訊或 E-mail？

貪快得慢，得不償失。

當我們叫喚貓咪的時候，他們絕不會像狗狗一樣立刻出現在你跟前，他們會慢條斯理地先伸個懶腰，打個呵欠，然後才悠悠然地走到你面前。

遲覆是一種姿態，讓你擁有充裕的時間，好好檢閱你的回覆內容。

當遇到難纏的訊息或 E-mail，尤其是和工作相關的，就來個貓式應對吧——先伸個懶腰，做個深呼吸，走到茶水間，喝一杯水，先回覆其他訊息或簡單的 E-mail，之後再仔細重讀一遍那惱人的訊息或 E-mail，然後慢慢撰寫回覆。

如果還有時間，不要立刻寄出，待午飯後再讀一次。這時你會發現，剛才的回覆還有修改空間，用詞或語調都可以再溫和一點，甚至會重新再寫一次。

記住，你收到的每則「即時訊息」，都不需要「即時」回覆。

「已讀不回」雖不禮貌，但也用不著秒回。即時通訊只是工具，別讓工具影響和主宰我們的生活，即使對方有權發「即時」訊息給我們，我們卻沒有義務「即時」回覆。

「即時通訊」這種聯繫方式的目的，是能夠把訊息即時傳送給對方，而不是要對方立刻回覆訊息。

想要對方立刻回覆，就打電話吧！

第十九課

小確幸筆記本

「小確幸」是取自日文「小さいけど確かな幸せ」的漢字部分，意思是從生活中不經意的一個小動作、或一件小事裡，感覺到幸福的一刻。

Mocha 每天至少會有三次的小確幸。

早上隨媽媽到廚房，看著她打開罐罐的一刻。

坐在玄關，看著媽媽下班回家打開大門的一刻。

還有晚餐同樣是打開罐罐、聽到「咔」一聲的那一刻。

相同的小確幸每天重複發生，但小 Mocha 仍樂此不疲，發出強烈的呼嚕呼嚕聲、毫無保留地讓我知道他很幸福。

無論當天過得如何糟糕，我們仍能找到一些感到幸福的小事。試著拿本小筆記本，把這些小確幸一一記下吧！

幸福是——早上睡到自然醒時，看看鬧鐘，啊？原來才六點，還可以再睡一小時呢！

幸福是——不經意把手插進很久沒穿的外套口袋裡，竟然掏出了一百元。

幸福是——進麵包店時，碰巧遇上最愛的菠蘿包新鮮出爐，在微涼的早上大啖熱騰騰的麵包，整個人都暖和了起來。

幸福是——剛到達公車站時，公車就到了。

幸福是——下班回家，看見貓咪豎起尾巴、興高采烈地從房間走出來歡迎你回家的那一刻……

每當失意時，翻開小確幸筆記本看一看，你會發現，原來自己已經很幸福了。

今天找到令你感到幸福的小事情了嗎？

第二十課

守時

貓咪的世界沒有鐘，然而大家姐 Momo 和 Mocha 每天黃昏六點，便會在玄關處等我下班回家。

我曾經試過提早下班回家，被開門聲吵醒的 Mocha 一臉惺忪，一邊打呵欠一邊伸懶腰，帶着迷濛睡眼從房間走出來，像是在對我說：「這麼早便下班啦？」

都市人都在趕趕趕，我們手腕上有一隻錶，手機螢幕有時間顯示；客廳有一個時鐘，廚房微波爐上也有時間顯示，床頭有鬧鐘，甚至洗手間也有時鐘……我們時時刻刻都被提醒著時間，卻很少人能夠守時。

香港有一個著名的女藝人，無論拍攝劇集、當節目主持人或司儀，她永遠準時出現。因為她的專業和守時，她的合作夥伴和團隊也不敢怠慢，全部都準時甚至提早出現。結果有她參與的拍攝工作都能夠準時下班，皆大歡喜。

也許我是石器時代的人，迄今仍深信守時是美德，無論對方是邀約者還是赴約者，守時都是對對方的尊重和禮貌。

我喜歡在約會前五至十分鐘到達，先在約會地點附近蹓躂一會兒，到點了才出現。這樣不但可以避免匆忙所帶來的壓力，還可以給自己充裕的時間安頓下來，整理一下儀容，以最優雅和從容不迫的姿態出現。

然而放假的時候，就把有刻度的手錶放下，換上沒有刻度的生理時鐘來渡過這一天，管他是七點、兩點還是十點，總之睡夠便起床，肚餓便吃飯，睏了就睡。

寫到這裡，我發現自己正被生理時鐘主宰的 Mocha 牢牢盯著，原來已經到了他們的晚餐時間，我只好放下筆，快步到廚房為貓咪準備晚餐。

第二十一課

人生沒時間去做
不喜歡做的事

　　三貓家的 Momo、Tiger 和 Mocha，個個都是專業的貓咪模特兒，尤其是 Mocha，他從小至今，都是三貓爸爸鎂光燈下的最佳模特兒，他會安定坐好，跟隨著我的指示，擺出不同的姿態拍照。

　　然而 Latte 卻把三貓專業模特兒訓練館的招牌打破，他從不聽指示坐定拍攝，甚至還會搗亂攝影佈置，騷擾其他正在拍攝的貓咪。

　　他就是不喜歡拍造型照。

　　我們每天都有二十四小時，每星期有七天，一年有三百六十五天，如果我們能夠活到八十歲，時間看起來還多的是！

可是，我們每天得花八個小時以上工作，至少兩個小時搭乘交通工具，休息加吃飯等每日必需又花掉八個小時，這還未計算等待誤點的公車、等待看醫生、等待孩子下課等等的時間，算一算，你每天還剩下多少時間？

我們還有時間去做一些我們不喜歡做的事情嗎？

如果不喜歡做的事情，既不影響生活，又不影響別人，那麼就效法 Latte，拒絕去做吧！

回頭一看，你後悔更多的不是曾經做過的事，而是那些當年想做卻沒有做的事。

時間是這世上最公平的東西，每人每天都只有二十四小時。生命看似很長，但時間過得更快，別再把時間浪費在不值得的人和事情上了。

第二十二課

學會裝

貓咪最懂得「裝」。

裝什麼？

本來打算跳上書桌，為已埋頭苦幹三個多小時、工作至頭昏腦脹的貓奴減減壓，可是一時失手落腳於桌面上的文件夾上，乒乒乓乓連貓帶文件夾一併從書桌掉下來。

這時，他會先擺個奧運體操選手跳躍後站立的九點九分姿態，然後在貓奴小腿繞幾個圈，再優雅地坐在文件夾上舔毛洗臉，裝作若無其事地走開。

每隻貓咪都是「推倒控」，只要是放在桌面上的，無論是零錢、鑰匙、杯子、水瓶，他們都會不由自己地把它推倒，甚至撥到地上。而且他們還會留在案發現場，毫不避嫌，因為他們最會裝傻。

Mocha 曾經偷偷從櫥櫃裡叼走貓草乾包，把包裝撕個稀巴爛，再把貓草乾撒滿一地、失心瘋般攤在地上左右滾動，除了身上每撮毛都沾了貓草乾外，就連客廳的每個角落，包括餐桌、沙發都有貓草乾。

興奮過後，他還會端坐在已有無數牙齒洞的貓草乾包旁邊，等待三貓媽媽回家。並在三貓媽媽準備變身成為超級賽亞人之前，睜大如玻璃彈珠般清澈的大眼、用無辜的眼神說著：「貓草包自己爆炸了！」

當貓咪想獨處時，他們便會裝聾，即使你喊破喉嚨，他們也不會理睬你。

當我們責備貓咪時，他們便會裝可愛……或裝聾。

聰明的人，總懂得在適當的時候裝聾作啞，看到不應該看的就裝盲，知道了不應該知道的便裝傻。

傻與不傻，端看我們會不會「裝」。

面前強敵時，不妨裝弱，以刺探對方的實力，甚至讓對方輕敵；若然對方不及你強，也不用鋒芒畢露，輕勝對方就好了，殺雞焉用牛刀？

裝可愛，只限四條腿的小毛球。

第二十三課

學會說不

「不」這個只有四劃的字，卻是我們最難啟齒的字。

我們身邊總有一個好好先生或好好小姐，他們不懂得拒絕人，不會說「不」，有時是怕傷了和氣、不好意思拒絕；有時是為了討好別人，結果對別人說「Yes」，對自己說「No」，換來 Yesman 的稱號，吃力不討好。

說「不」絕非易事，能夠拒絕對方卻又不傷和氣，談何容易？

每隻貓咪都有其獨有的「Cattitude※」，他們不喜歡做的事，無論怎樣強迫他們也不會做。貓咪對吃很講究，儘管嘴饞如 Mocha，碰上不喜歡吃的食物，也絕對不會吃下肚。

我很了解和明白 Mocha 對吃的底線，因此即使他用行動對食物說「不」，我也不會怪他挑食。看著那碰也沒碰過的貓飼料，我只有無奈，但又能體諒。

※ **性格的英文是** Attitude，**貓咪的獨有性格**「Cattitude」**就是由** Attitude **改成的新英文詞彙。**

　　說「不」需要勇氣，也需要技巧，我們沒有義務一定要答應別人的要求，拒絕並不代表否定別人，只是對自己說「Yes」。

　　說「不」之前，不妨想想有沒有其他方案。

　　「不行，但是……」、「好的，不過……」也是在拒絕，但讓對方有被了解和關心的感覺，即使被拒絕，也容易接受。

　　要學會說「不」，就得先為自己訂下底線，讓好朋友知道你的底線，被拒絕時也就能體諒；至於連朋友都談不上的人，就更加不用為他們犧牲自己的底線了吧。

　　前面文章說過，我們沒有時間去做一些我們不喜歡做的事，學會對自己說「Yes」，對別人說「No」吧！

第二十四課

釋放童心

已經十歲，年屆大叔年紀的 Mocha，摟著貓草包的那種忘我和瘋狂，和他小時候如出一轍。而他認真地理毛後，忘記把小舌頭縮回嘴裡的怪趣面孔，也十年如一。

我們都不願家裡的毛小孩長大，希望他們永遠停留於幼童時代，活潑可愛。

然而我們小時候，卻都希望快點長大，從此不受父母和老師的管束，可以做自己喜歡做的事，買自己喜歡買的東西。

直到長大後才發現，我們想做的做不到，想買的又負擔不起，沒有父母長輩的管束，卻有上司更嚴苛的管束和不合理的要求。

因為長大了，別人都期望我們會成熟，我們也強迫自己成熟——處事成熟、思想成熟、舉止成熟、言談成熟。

成熟使人疲憊。

我們其實也可以像孩子般率性而行，不用每件事情都嚴陣以待，計劃周詳，只在於我們願不願意去做。

找一個週末，隨意跳上一台沒有乘坐過的巴士，挑最前排的座位坐下，讓它帶你到從未到過的地方；找一間電影院，看一齣以前從沒看過的類型的電影；肚子餓了，就到電影院走出來左邊第十七間餐廳吃吧。

電影不好看？沒關係，反正不會再看。餐廳的食物不好吃？也沒關係，下次挑右邊第十八間吧！

小孩子時代，隨心所欲，沒有什麼顧慮，沒有什麼計算，更沒有什麼計劃。偶爾的孩子氣能為我們心靈找到一個喘氣的機會和空間，讓情懷和感性一個釋放，Reset 你對生活的感覺吧！

第二十五課

學會與逆境相處

很多的不快樂，都是源自於把無謂的事放大。今天為他移情別戀而悲痛欲絕、明天因考試成績不理想而如喪考妣。然而若干年後驀然回首，那個他早已面目模糊，出了社會還有誰理會你曾擁有過多少個 A ？

所謂人生如戲，每部戲裡都有反派，也有搗亂主角的小嘍囉，我們總會遇到不順的事和不喜歡的人，有些是無法避免，有些是無法改變。唯一能做的，就只有改變自己的心態去面對。

在 Momo 短短十九年的生命裡，我為她帶來了三個弟弟：天然呆的 Tiger、活潑可愛的 Mocha，和又笨又巨大的 Latte。Momo 總是冷靜的面對新成員，她從不擔心女王的地位會動搖，也不怕新成員會分薄我對她的愛和關心。

新家庭成員的加入，對貓咪來說是種極大的衝擊，然而 Momo 卻總能處之泰然，甚至和新成員和平共存，身為貓奴的我，自嘆不如。

學會與逆境相處，並不代表要妥協，而是接受它是人生一部分的事實。

　　別再沉溺於負面和沮喪的漩渦裡，扮演悲劇主角。每一個逆境都讓我們成長，成長往往是痛苦的，應該以平靜的心和正面的態度去面對。

　　昨天的問題今天仍然解決不了，沒關係，別把明天的憂慮帶到今天。

　　人生路上，有晴朗的日子，有令人鬱悶的陰天，當然也有狂風暴雨的日子。無論是什麼天氣，每一天都只能過一次。經歷過暴風雨，我們會更懂得享受陽光燦爛的日子。

第二十六課

別吝嗇你的感恩心

有一次搭單門公車（上下車都是同一扇門）回家，看見一個大約七歲的小男孩，在下車時回頭向公車司機說：「謝謝司機叔叔！」

司機那本來繃緊又帶點疲憊的臉，忽然放鬆了，露出一張寬懷的微笑。

公車、計程車司機的工作是駕車，餐廳服務生的工作是為我們開門、送茶、送菜，這些都是我們付錢後理所當然得到的服務，有必要說「謝謝」嗎？

其實一聲「謝謝」，不單是對別人的工作和服務的一種尊重，也是一種個人修養的表現。

　　日本有一項研究指出，鮮少向他人表達謝意的人，生活
壓力比較大，幸福感也比較低；相反的，常常衷心向別人表
達謝意的人，幸福感普遍較高。

　　無論你們信不信這項研究結果，能夠常常說「謝謝」的
人都是幸福的，因為他一定經常得到別人的幫忙。

幸福不是理所當然的,別人也沒義務對自己好。

Mocha 是三貓家的呼嚕王,每次給他罐罐、小點心,或只是摸摸,他都毫不吝嗇地表達出他感恩的心,發出呼嚕呼嚕的巨響向我道謝。

呼嚕呼嚕聲,就是貓咪對貓奴最由衷的感謝吧!

第二十七課

當自己的主人

貓咪是最有性格、經常以真我面目示人的動物。

他們高興時就會走過來黏你，不喜歡時就算你扭盡六壬、拚盡全力，他們對你仍是不屑一顧。他們從來不受擺佈，如果我們勉強他們做他們不想做的事，換來的就是幾條爪痕。

他們從不會委屈自己去討好別人，貓咪本尊就是自己的主人。

可惜為了生活，我們都被迫扭曲自己，為迎合和討好別人而改變自己。這種改變不僅是心不甘情不願的，而且結果對方仍然不認同和接納自己。

因為我們永遠也無法成為別人眼中的自己。

世事豈能盡如人意？只為討好別人而活實在累人。這個世界上，只有一個人值得我們為「他」改變，那個「他」就是你自己。

想為自己增添內涵和修養，就多看書。想健康一點，就多做運動和改變不良的飲食習慣。想當自己的主人，就得學會看淡別人對自己的看法。

別人的意見要虛心去聽，但採不採納的決定在己，無須因為別人的一句話就動搖本心。即使隨自己的意願和計劃去做，會遇上許多挫折，多走許多冤枉路，但這些都是幫助我們成長、吸取經驗的過程。

我特別喜歡電影「高年級實習生」（The Intern）裡勞勃・狄尼洛在電影中說過的一句話：「You're never wrong to do the right thing.（做正確的事情，絕對不會有錯）。」

做自己的主人，就是做正確的事情了。

第二十八課

追逐夢想

「做人如果沒夢想，跟鹹魚有什麼分別？」這是周星馳於電影《少林足球》中的一句經典對白。

夢想，可以是奢華、天馬行空的；也可以是樸素、理性踏實的。

有人問：「理想和夢想有什麼分別？」

有人覺得分別在於前者是較可能被實現，而追逐一輩子也不會成真的則是夢想。

我則認為，夢想和理想都有共通之處，那就是「想」，「想」就是希望得到的東西。只要我們願意踏出第一步去實現，夢想就不再遙不可及。

從小我就喜歡寫作、畫畫，同學們都擁有夢想職業——老師、律師、醫生、設計師……只有我，沒有想過將來。大學後，隨意找間公司當了上班族，便每天營營役役，完全忘了自己為了什麼而活。直到有了部落格，才喚醒我沉睡多年的寫作興趣。

我每天為三貓寫日記，用文字和照片記錄他們生活的點點滴滴。一年後，戰戰兢兢的出版了第一本書《三貓 Blog Blog 齋》，然後有下一本、再下一本、再下下一本……

如今回頭一看，原來寫書這夢想一直潛藏在我心中。從寫部落格開始，我已一步一步地邁向我的夢想——出版自己的書。

而我的下一個夢想，就是開一家播放著爵士樂和飄散著咖啡香的貓咪咖啡店。看到被貓咪寵幸、被當人肉坐墊的客人洋溢著幸福溫馨的笑臉，就是我開店的最大回報。

可惜，三貓媽媽的三貓咖啡館夢想，迄今仍只是夢想。

你的夢想是什麼呢？你會以行動將它變成現實？還是讓它純屬空想？

第二十九課

愛情黃金比例

女生常說，要找一個愛自己多過自己愛他的男生談戀愛。

然而理想的愛情黃金比例，應該是愛和被愛呈一比一。真正的愛是不計較誰付出的比誰多，畢竟愛不能稱斤論兩，倘若能將感情收放自如，這就不是真正的愛情。

愛和被愛都是幸福的。去愛，是不顧一切、不求回報，把自己的自尊放下，對自己的感覺不聞不問，只要得到對方一點回應，就足夠餵飽你對被愛的渴求。

被愛當然更是幸福的，能夠得到自己喜歡的人的愛，那幸福感更高。但我不覺得被形容為「收兵」＊的女生，被一群她不喜歡的牛鬼蛇神簇擁著，會有多幸福。

能夠找到一個值得我們去愛、去付出的人，比被愛更加幸福。

※「觀音兵」是香港俚語，等同臺灣的「工具人」，招攬「觀音兵」的行為就稱為收兵。

當 Mocha 走過來，將他的臉擦向我的臉，毫無保留地向我示愛，我會輕輕抱著他，感受著他的溫暖、他的呼吸、他的愛意。

承認你愛他多過他愛你，並不是一件羞恥的事，偶爾四比六，偶爾六比四、甚至七比三又有何不可？

有人說過，喜歡小動物的都是好男生、好女生，不只是因為喜歡動物代表有愛心，而是他們更懂得無條件付出，從付出中找到快樂和滿足。

愛情放在天秤上也秤不出幸福指數，不管是付出多還是接收多，能在一段關係中感受到快樂和幸福，就已是幸福滿溢了，不是嗎？

第三十課

愛情保鮮紙

貓咪忽冷忽熱。熱情時，他會纏在你身邊要呵要摸；冷淡時，呼天不應，叫地不聞。

貓咪神祕。總是在出其不意時出現在你身邊，當你想找他時，又能完全隱沒於小小房間裡。

貓咪喜歡和人保持適當的距離，不會隨便向人示好，即使面對他們的米飯班主暨私家鏟屎專員，他們也不會特別搖頭擺尾。

獻媚討愛，向來都是我們這班貓奴的工作。因此當貓咪偶爾「紆尊降貴」走到我們跟前、主動前來撒嬌討摸，當然會讓我們受寵若驚。而貓咪只要願意坐在我們大腿上睡覺，就算尿再急，也會為了不驚動熟睡的他而甘心忍耐。

由此可知，神祕和距離感，是為愛情保鮮的重要法則。

保持剛剛好的距離，再親密也要保留屬於自己的空間；保持神祕感，再坦誠也要保存屬於自己的祕密。

貓咪是我們的問號，因為我們永遠都猜不到他們在想什麼；貓咪是我們的驚嘆號，因為他們每次都能帶給我們驚喜和幸福感。

　　你會讓自己成為他或她的問號、驚嘆號，還是句號、省略號呢？

第三十一課

我一個人，我不寂寞

孤單與孤獨，總是和空虛、寂寥、寂寞等負面詞掛勾。然而一個人的時候，不見得等於寂寞。

有時即使身旁再熱鬧、即使身處人來人往的鬧市街頭，心裡仍有一種難以言喻、揮之不去的空虛感。有些人喜歡把每天的節目排得滿滿的，原因就是害怕寂寞，然而派對總有結束的一刻，一個人回到家裡，寂寞感更深。

養貓人都怕寂寞，卻又愛獨處。

我們害怕寂寞，即使只有十幾秒的空檔，也會滑開手機，上網聊天、上臉書、打手遊、看劇看電影……務求填滿生命的每一分每一秒，不留一絲空白。

我們害怕寂寞，卻寧可與手機當密友，拒絕與身邊的人交流。最常打電話給我們的，不是爸媽、不是朋友，而是電訪員、傳銷人員跟詐騙集團……

　　貓咪是最懂得和寂寞打交道的，貓咪自個兒在家時從不寂寞，會睡覺、打盹、睡覺、理毛、發愣、睡覺⋯⋯直到我們回家。

　　我一個人的時候，根本沒空寂寞，看書、聽音樂、做瑜珈、打掃、看電視、再睡一個舒舒服服的美容覺⋯⋯很多事情都可以一個人做的。

　　跟貓兒學習享受獨處吧！偶爾和知心朋友聚聚，你會發現，這樣的生活比起終日被一群為社交而社交的人圍著吃喝玩樂，更有滋味。

第三十二課

沉默也是一種回應

以下這樣的「悲劇」，相信在不少貓奴身上都曾發生吧：

我：「Latte，你愛媽媽嗎？」

Latte：「……」

我：「Latte，媽媽很愛你啊！」

Latte：「……」

我：「你說一句『媽媽』，我便給你小點心。」

Latte：「喵！」

貓咪都是沉默寡言的，除了對貓奴有所求時，都是沉默不語的。

　　沉默，被不少女生視為挑釁武器，看看有多少女生因男生的已讀不回而抓狂，就知道這武器有多厲害。

　　沉默也常常被誤解成冷漠，其實有時只是說不出口，有時覺得說多了，有時覺得沒必要了，有時不懂回應……有時，只是單純不想說話。

　　沉默是溝通的方式之一，當兩人的心靈相通時，無聲勝有聲。沉默也可以給對方帶來想像空間，讓自己進可攻，退可守。

　　沉默其實也是一種回應，是成長的智慧。當別人讚美時，點頭微笑，沉默接受吧；當別人指罵時，保持沉默就是最好的回應。

第三十三課

工作、休息、再工作

　　每次在家工作時，三貓都會陪伴在側。他們除了擔當工僮（陪伴貓奴工作）的重要角色外，還有一個重要任務，就是提醒我要停下來休息。

　　Mocha 是最盡責的工僮，為達目的，他會橫臥在電腦鍵盤上，或坐在電腦螢幕前，冷冷地看著我，彷彿在說：「該停一停了吧？」為了不辜負他的用心良苦，我會放下工作，讓乾涸的眼睛和繃緊的肩膀放鬆一下。

　　休息不在於時間的長短，而是在於身體和腦袋如何放空。有時候聽一首歌、喝杯清茶、稍稍離開工作桌、望出窗外發愣，也是一種休息。

　　休息不會影響工作進度，反而可以提升工作效率。龜兔賽跑故事裡的兔子在賽跑比賽輸給烏龜，不是因為兔子在比賽期間休息，而是輕敵。

我上班時，偶爾會透過網路鏡頭去看看三貓。

大家姐 Momo 每天都會巡邏三貓家兩遍，順便喝點水，然後回房休息。至於 Mocha 和 Latte，除了下午偶爾會到客廳喝喝水、追逐一下之外，其餘時間都在睡覺、睡覺和睡覺。

因此當我下班回家，一打開門就會見到三個精神奕奕、電力飽滿的貓咪坐在客廳等待著我。

然而週末當我在家時，三貓就不會整天窩在房裡睡覺，他們會進入「待機狀態」，也就是打盹。只要我打開放置罐罐的櫥櫃，他們就會馬上醒來出現在我跟前。

貓咪會自我調整休息習慣，目的是希望與喜歡的人多一點互動時間。所以當我們不在家的時候，他們會爭取時間休息。

所以熟睡是休息，打盹也是休息。人不是因為疲倦才休息，而是為了走更長遠的路。

貓咪都懂得的道理，你懂了沒有？

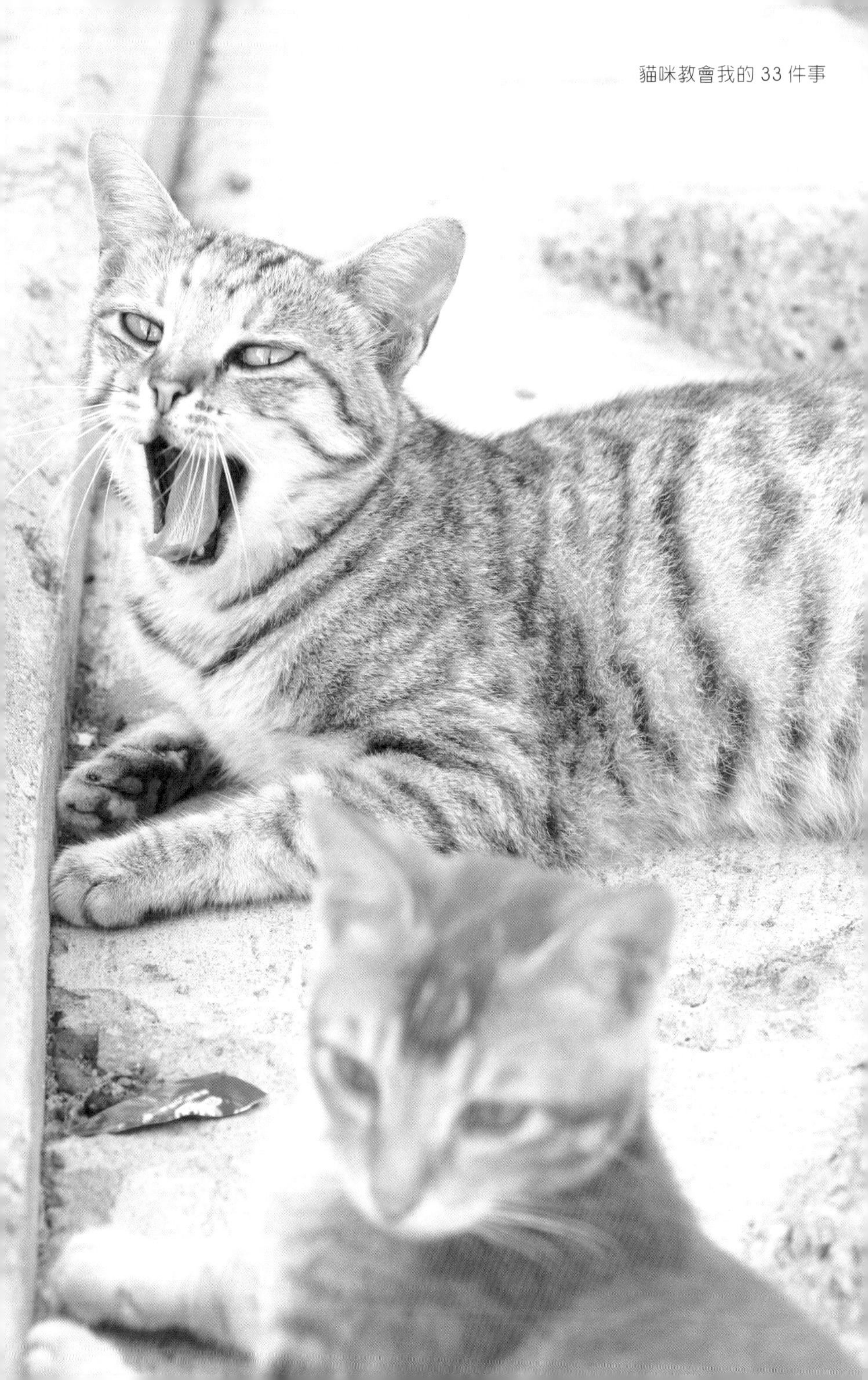

貓咪教會我的33件事：跟貓咪智慧大師學生活，
修正你的失序人生! / 三貓媽媽著. -- 初版. -- 臺中市：
晨星, 2017.11
　　面；　公分. -- (勁草叢書《心靈勵志》；438)
ISBN 978-986-443-355-1(平裝)

1.人際關係 2.生活指導

177.3　　　　　　　　　　　　　　106016940

勁草叢書《心靈勵志》438

貓咪教會我的 33 件事：
跟貓咪智慧大師學生活，修正你的失序人生！

作者	三貓媽媽
攝影	三貓爸爸、三貓媽媽
主編	李俊翰
校對	陳妍妏、李佳旻
美術編輯	尤淑瑜
封面設計	尤淑瑜
創辦人	陳銘民
發行所	晨星出版有限公司 臺中市工業區30路1號 TEL:（04）23595820　FAX:（04）23597123 E-mail:service@morningstar.com.tw http://www.morningstar.com.tw 行政院新聞局局版台業字第2500號
法律顧問	陳思成律師
初版	西元 2017 年 11 月 1 日
郵政劃撥	22326758（晨星出版有限公司）
讀者服務專線	04-23595819#230
印刷	啟呈印刷股份有限公司

定價 250 元

ISBN 978-986-443-355-1

Printed in Taiwan

版權所有·翻印必究
（缺頁或破損的書，請寄回更換）

◆ 讀者回函卡 ◆

以下資料或許太過繁瑣，但卻是我們了解您的唯一途徑
誠摯期待能與您在下一本書中相逢，讓我們一起從閱讀中尋找樂趣吧！

姓名：＿＿＿＿＿＿＿＿＿＿ 性別：□ 男 □ 女 生日： ／ ／

教育程度：＿＿＿＿＿＿＿＿

職業：□ 學生 　　　□ 教師 　　　□ 內勤職員 　□ 家庭主婦
　　　□ SOHO 族 　□ 企業主管 　□ 服務業 　　□ 製造業
　　　□ 醫藥護理 　□ 軍警 　　　□ 資訊業 　　□ 銷售業務
　　　□ 其他 ＿＿＿＿＿＿＿＿＿＿

E-mail：＿＿＿＿＿＿＿＿＿＿＿＿＿＿ 聯絡電話：＿＿＿＿＿＿＿

聯絡地址：□□□ ＿＿＿＿＿＿＿＿＿＿＿＿＿＿＿＿＿＿＿＿

購買書名：貓咪教會我的 33 件事 ＿＿＿＿＿＿＿＿＿＿＿＿＿

· 本書中最吸引您的是哪一篇文章或哪一段話呢？＿＿＿＿＿＿＿

· 誘使您購買此書的原因？

□ 於 ＿＿＿＿ 書店尋找新知時 □ 看 ＿＿＿＿ 報時瞄到 □ 受海報或文案吸引
□ 翻閱 ＿＿＿＿ 雜誌時 □ 親朋好友拍胸脯保證 □ ＿＿＿＿ 電台 DJ 熱情推薦
□ 其他編輯萬萬想不到的過程：＿＿＿＿＿＿＿＿＿＿＿＿＿＿

· 對於本書的評分？（請填代號：1. 很滿意 2. OK 啦！ 3. 尚可 4. 需改進）

封面設計 ＿＿＿＿＿ 版面編排 ＿＿＿＿＿ 內容 ＿＿＿＿＿ 文／譯筆 ＿＿＿＿

· 美好的事物、聲音或影像都很吸引人，但究竟是怎樣的書最能吸引您呢？

□ 價格殺紅眼的書 □ 內容符合需求 □ 贈品大碗又滿意 □ 我誓死效忠此作者
□ 晨星出版，必屬佳作！ □ 千里相逢，即是有緣 □ 其他原因，請務必告訴我們！
＿＿＿＿＿＿＿＿＿＿＿＿＿＿＿＿＿＿＿＿＿＿＿＿＿＿＿＿

· 您與眾不同的閱讀品味，也請務必與我們分享：

□ 哲學 　　　□ 心理學 　□ 宗教 　　□ 自然生態 □ 流行趨勢 □ 醫療保健
□ 財經企管 □ 史地 　　□ 傳記 　　□ 文學 　　□ 散文 　　□ 原住民
□ 小說 　　　□ 親子叢書 □ 休閒旅遊 □ 其他 ＿＿＿＿＿＿＿＿＿＿＿

以上問題想必耗去您不少心力，為免這份心血白費
請務必將此回函郵寄回本社，或傳真至（04）2355-0581，感謝！
若行有餘力，也請不吝賜教，好讓我們可以出版更多更好的書！

· 其他意見：

也可以直接用手機
掃描填寫線上回函

晨星出版有限公司 編輯群，感謝您！

請填妥後對折裝訂，直接投郵即可，免貼郵票。

廣告回函
臺灣中區郵政管理局
登記證第267號
免貼郵票

407
臺中市工業區30路1號

晨星出版有限公司

請沿虛線摺下裝訂，謝謝！

更多您不能錯過的好書

★榮獲第63梯次好書
大家讀入選圖書

各種養貓會碰到的問
題，一次為你解答！

想要貓咪健康又長壽的
飼主不可不讀的必備典
藏版！

融合中國傳統醫療的經
絡按摩與西方醫學的淋
巴按摩，改善愛貓的體
質與預防疾病，更能藉
由與貓咪親密的肢體接
觸，加深彼此的感情！

加入晨星寵物館粉絲頁，分享更多好康新知趣聞
更多優質好書都在晨星網路書店　www.morningstar.com.tw

f 搜尋／ 晨星出版寵物館